BERNARD LAZARE

Contre l'Antisémitisme

(HISTOIRE D'UNE POLÉMIQUE)

PRIX : 50 CENTIMES

PARIS

P.-V. STOCK, ÉDITEUR

(Ancienne librairie TRESSE et STOCK)

8, 9, 10, 11, GALERIE DU THÉATRE-FRANÇAIS

PALAIS-ROYAL

1896

BERNARD LAZARE

Contre l'Antisémitisme

(HISTOIRE D'UNE POLÉMIQUE)

PRIX : 50 CENTIMES

PARIS

P.-V. STOCK, ÉDITEUR

(Ancienne librairie **TRESSE et STOCK**)

8, 9, 10, 11, GALERIE DU THÉATRE-FRANÇAIS

PALAIS-ROYAL

1896

PRÉFACE

Il m'a paru bon de réunir les articles que j'ai publiés dans le *Voltaire* sur l'antisémitisme et sur celui qui prétend en être le chef. J'ai rappelé en même temps les circonstances qui ont provoqué la polémique dont on connaît l'issue. En lisant cela, on verra comment un Juif a entendu la discussion, et comment un *Français de France*, catholique, a su y répondre. L'opinion publique jugera. Elle dira de quel côté a été la courtoisie, l'urbanité, le respect de soi-même, la logique et la raison. Si toutefois on trouve légitime que les injures soient la seule réplique à des arguments, je ne m'inclinerai pas devant un tel verdict. Je protesterai toujours contre des mœurs, qui tendent à rendre impossibles, entre adversaires, tous rapports, autres que des rapports brutaux, et contre des procédés que je n'estime dignes ni de penseurs, ni d'écrivains.

Je pourrais me borner à ces déclarations préliminaires et les considérer comme une suffisante préface aux articles dont je viens de parler, mais le titre que j'ai donné à cette brochure me fait un devoir d'exposer d'une façon plus précise ma pensée sur l'antisémitisme.

Je l'ai dit, M. Drumont n'est pas tout l'antisémitisme. Quelques-uns considèrent qu'il en a écrit l'évangile, mettons donc qu'il en soit le Marcou le Luc, mais il n'en est pas la cause, il en est « un écho et peut-être un instrument ». Le combattre personnellement est insuffisant, d'autant plus insuffisant que cet homme à vue courte ignore les vraies raisons et les mobiles réels du mouvement qu'il prétend repré-

senter. Pour moi, la personnalité de l'apôtre antisémite n'a pas l'importance qu'il s'attribue lui-même
et que les autres lui accordent. Il disparaîtrait demain que l'antisémitisme ne disparaîtrait pas avec
lui. Les multiples *Croix*, les nombreux journaux catholiques continueraient leur œuvre, œuvre qu'on n'a
ni assez vue, ni assez appréciée, et ils exerceraient
encore leur action, action plus puissante, plus sûre,
plus efficace, plus étendue, plus sournoise, que l'action de la *Libre Parole* qui bataille plus franchement,
comme doit batailler l'enfant terrible du parti catholique.

On ne saurait trop le dire, on ne saurait trop le
répéter, l'histoire de l'antisémitisme en France, n'est
qu'un coin de l'histoire du parti clérical. A cette affirmation on répondra que ceux qui attaquent les Juifs
ne se placent pas sur le terrain confessionnel mais
sur le terrain économique. Je n'en disconviens pas,
je n'en maintiens pas moins mon affirmation et, pour
l'expliquer, j'ajoute que le cléricalisme a su exploiter
avec une habileté remarquable les intérêts économiques d'une catégorie d'individus.

Les causes de l'antisémitisme sont multiples. Evidemment, à la base, il faut mettre la raison perma-
nente et séculaire, l'antique, l'indéracinable préjugé,
la vieille haine plus ou moins avouée, contre la nation
déicide, chassée de la terre des aïeux, poussée de
l'orient à l'occident, du midi au septentrion, la nation
qui, pendant des siècles, fut, comme au soir de la
sortie d'Egypte, les reins ceints de la corde, la main
armée du bâton, prête à fuir par les routes inhospi-
talières à la recherche d'un sol ami, d'un abri accueil-
lant, d'une pierre où pouvoir poser sa tête. C'est là le
mobile qui a supporté les autres, c'est là le sentiment
constant qui a permis à d'autres sentiments de
s'éveiller, de se développer, de grandir. Sur ce fonds
stable qui existera tant qu'il y aura des Juifs, ou tout
au moins tant qu'il y aura des chrétiens, on a bâti et,
selon les siècles, selon les pays, selon les mœurs, on
a bâti d'une façon différente, je veux dire qu'on a

justifié autrement la guerre aux Juifs. De même, selon les mœurs, selon les pays, selon les siècles, les causes efficientes de l'antisémitisme ont varié.

En France où, depuis 1789 jusqu'à ces dernières années, l'antisémitisme avait été sporadique, opinion scripturaire sans écho, sans contre-coup, sans action, il a fallu deux choses pour faire renaître les animosités d'autrefois. D'abord, et c'est là une raison grave et profonde, le triomphe de l'état laïque sur l'état chrétien. L'Eglise a rendu les Juifs et les hérétiques responsables de sa défaite, elle s'est retournée contre eux, et elle a commencé par attaquer Israel ; maintenant plus aguerrie, rendue audacieuse par l'inaction même de ses adversaires, elle ose plus et c'est contre le franc-maçon, contre le libre-penseur, contre le protestant qu'elle se dresse. La démocratie a laissé grandir l'antisémitisme sans protester contre lui. Au contraire, par dilettantisme, par snobisme, ou bien par lâcheté, elle a laissé faire. Demain peut-être, elle comprendra le danger, elle verra le filet dont elle s'est laissée entourer. Il sera trop tard et c'est par des années de réaction cléricale qu'elle paiera son inertie et son aveuglement.

Venons maintenant à la cause occasionnelle de l'antisémitisme, celle qui a déterminé le choc. C'est le krach de l'*Union générale*. La défaite de l'*Union générale* a été la défaite du capital et de la spéculation catholique. On a rendu la finance juive responsable de ce résultat et la campagne antijuive a été inaugurée en guise de représailles. Le capital catholique s'est rué à l'assaut du capital israélite et l'histoire de cette période sera, pour l'historien futur, intéressante comme un épisode de la lutte entre capitalistes, et même de la lutte entre deux formes du capital.

L'antisémitisme s'est donc manifesté tout d'abord sous la forme d'une guerre contre la finance cosmopolite et, pendant longtemps, ses champions et ses théoriciens ont affecté de rester sur ce terrain. Ils prétendent, aujourd'hui encore, s'y tenir et feignent d'être exclusivement les ennemis de l'agiotage et des manieurs d'argent.

Mais, je le répète, les théoriciens ne sont rien, ils ne représentent rien ; c'est à côté d'eux qu'il faut regarder, et, si l'on regarde, on verra que c'est par la plus grossière des équivoques qu'on présente l'antisémitisme comme un mouvement de réaction contre le règne de l'argent. En réalité, sous le couvert du Juif financier et agioteur, on attaque tous les Juifs. Jadis on leur reprochait d'être uniquement des usuriers. Aujourd'hui, on leur reproche de ne pas se confiner dans le rôle de prêteur, d'argentier, et on veut frapper sur eux parce qu'ils prétendent ne rester étrangers à rien et participer à toutes les manifestations de l'activité sociale.

Ce n'est pas seulement le Juif banquier que l'on condamne, c'est le Juif commerçant, c'est le Juif dans le barreau, dans la médecine, dans l'armée, dans l'art, dans les lettres, dans la science : c'est le Juif tout court, le Juif auquel on conteste ses droits d'homme et de citoyen, sans que cette contestation soulève dans ce pays de démocratie et de liberté — sauf de rares et honorables exceptions — la moindre protestation.

Hier, on spécifiait avec affectation que, sous le nom de Juif, on désignait le loup-cervier de la Bourse, le financier louche, le courtier marron, celui qui vivait de l'agio et de la prédation, sans distinction d'origine et de culte. Il s'en trouvait qui s'excusaient presque de se servir du mot juif, mot, disait-on, consacré par l'usage et dont les Israélites honnêtes auraient eu tort de se montrer froissés. Maintenant, l'heure est passée de la dissimulation ; on ne fait plus de différence, on n'établit plus de catégories. Pourquoi se cacherait-on ? Les Juifs, fidèles à d'antiques traditions d'humilité, et par pusillanimité atavique, ne se défendent pas. Ils eussent dû se lever, se grouper, ne pas permettre qu'on discutât une minute leur droit absolu de vivre, en gardant leur personnalité, dans les pays dont ils sont citoyens. Ils ne l'ont pas fait. Ils ont

préféré courber la tête, ainsi qu'ils le faisaient autrefois, quand le vent des persécutions, passant sur les
ghettos sinistres, ranimant la flamme des bûchers fu-
mants, faisait se ployer les échines et se recroque-
viller les faibles et tremblantes âmes. Ils se sont dit :
tout cela passera, laissons s'apaiser la tempête et
feignons de ne pas entendre ; si nous ne répondons
pas, on croira que nous ne sommes plus là et on nous
oubliera.

Pauvres esprits et pauvres cervelles, aveugles et
sourds, sans intelligence, sans compréhension, sans
courage et sans énergie !

Je ne veux pas insister ; la puissance de l'assaut
réveillera peut-être des volontés hésitantes et rani-
mera des cœurs débiles. Ce que je voudrais qu'on
comprît maintenant, c'est l'étendue de ce mouvement
qu'on a dédaigné jusqu'à aujourd'hui, je voudrais que
les clairvoyants, s'il y en a, se rendissent compte que
l'on ne s'arrêtera pas aux Juifs. Il est vrai que quelques-uns le voient et, pour se préserver de l'orage, des
francs-maçons candides se font antisémites ; ils aident
à forger le fer qui les frappera bientôt.

« Pour l'honneur et le salut de la France, affichent
les ligueurs antisémites, n'achetez rien aux Juifs.
Pour l'honneur et le salut de la France, disent les
congrès catholiques de Reims et de Paris, n'achetez
rien aux Juifs et aux francs-maçons. Pour l'honneur et
le salut de la France, dit en chaire l'évêque de Nancy,
n'achetez qu'aux catholiques ». Comme elle est récon-
fortante cette levée des aunes, quelle noble cause
défendent ces épiciers enrichis, ces bonnetiers, tous
ces marchands qui identifient la gloire d'une nation
avec la prospérité de leurs comptoirs. Quelle belle et
joyeuse forme du « struggle for life », et ne voit-on pas
que tous ces croisés sont les dignes fils d'un peuple
qui, le premier, par le monde, a semé l'égalité et la
liberté.

Quand les antisémites affirmaient qu'ils ne vou-
laient travailler que pour le bien du peuple, lorsqu'ils prétendaient combattre l'exploitation de l'homme

par l'homme, je leur ai répondu que, comme ils vou-
laient supprimer seulement le Juif riche en laissant
subsister le régime capitaliste, ils n'arriveraient à rien
et que la situation du pauvre et du prolétaire serait
la même après qu'avant.

J'étais fort naïf en ce temps-là. Mieux éclairé, mieux
averti, j'ai affirmé, et j'affirme encore que les antisémites sont les défenseurs du capital chrétien, je veux
dire du capital catholique, et je les défie toujours de
prouver le contraire. J'élargis cette affirmation. Les
antisémites combattent non seulement pour défendre
le capital catholique, mais encore pour conquérir
pour les citoyens catholiques, aux dépens des autres
citoyens, des avantages, des privilèges et des pré-
bendes. Ils rêvent la reconstitution de l'Etat chrétien, celui qui ne conférera des avantages qu'aux fils
soumis de l'Eglise. Quel antisémite osera le nier?
Aucun. Je proteste donc maintenant contre l'antisémitisme, au nom de la liberté, au nom du droit, au
nom de la justice. Serai-je seul à élever la voix?
J'espère que non.

HISTOIRE D'UNE POLÉMIQUE

Le *Figaro* du 16 mai publia sous le titre de « Pour les Juifs » un très brave, très courageux, très noble article de M. Emile Zola.

« Depuis quelques années, disait M. Zola, je suis la campagne qu'on essaye de faire en France contre les Juifs, avec une surprise et un dégoût croissants. Cela m'a l'air d'une monstruosité, je veux dire une chose en dehors de tout bon sens, de toute vérité et de toute justice, une chose sotte et aveugle qui nous ramènerait à des siècles en arrière, une chose enfin qui aboutirait à la pire des abominations, une persécution religieuse ensanglantant toutes les patries. Et je veux le dire. »

Je n'ai pas à analyser ici cet article. Chacun l'a lu. Dans la *Libre Parole* du 18 mai, M. Edouard Drumont répondit à M. Emile Zola. Il me mettait en cause en débutant, fort aimablement d'ailleurs, disant que j'étais un adversaire « redoutable et subtil »... La réponse de M. Drumont ne m'ayant pas paru décisive, je crus devoir le dire, et je publiai dans le *Voltaire* du 20 mai l'article qui suit.

CONTRE L'ANTISÉMITISME

M. Emile Zola vient de commettre une action abo-
minable. Il a défendu les Juifs ou plutôt il a attaqué
l'antisémitisme. Qu'attendre d'un homme qui a du
sang italien dans les veines ? Un Français de France
n'eût point osé faire chose semblable. Sarcey lui-
même a renoncé à intervenir en faveur de cette tribu
de déicides qui, chacun le sait, dévore les petits
enfants chrétiens, tombe en des convulsions de rage
au saint nom de Jésus-Christ, un des rares Juifs qui
ne soient pas maltraités par les antisémites, et dispose
d'une puissance si formidable qu'elle écraserait en
un jour l'antisémitisme si elle le voulait, ce dont
chacun s'aperçoit.

Drumont n'a pas laissé passer cette algarade de
l'auteur de *Rome* sans lui dire son fait, et il a ouvert
son mandement par quelques paroles à mon adresse,
si aimables qu'il m'en voudrait de ne pas lui dire
que son article n'était pas bon. Il fera bien à l'avenir, et c'est là un conseil désintéressé, de surveiller
son argumentation, de choisir ses raisonnements et
de soigner sa logique. Sa réponse est vraiment un
peu embrouillée : Coppée, Halévy, les prophètes,
Enguerrand de Marigny, Swedenborg et Rouanet,
Carlyle et le baron de Hirsch, le centenaire de Tol-
biac et les pauvres religieux que les francs-maçons
traquent « comme des *Outlaw* », le couvent des
Oiseaux et Fourmies se rencontrent au long des
trois colonnes de la *Libre Parole*, dans le plus joyeux
pêle-mêle. Jamais le bon public antisémite ne se
reconnaîtra là-dedans. Mais enfin ce n'est pas là mon

affaire et Drumont doit savoir mieux que moi ce qu'il lui faut et quels sont les plaisirs, artistiques ou autres, qu'il sait goûter.

Mais je ne veux pas faire de critique littéraire, et ce que je dis là est pour constater une fois de plus l'art infini que met Drumont à ne jamais répondre.

Zola lui dit que l'antisémitisme est une conception barbare, médiocre, inférieure, il riposte en blâmant les gens du monde qui lisent *Germinal* — et oublient sasn doute, pendant ce temps, de méditer sur la *France juive*. Il ne s'agit pas de cela, et le geste de la Mouquette n'a rien à voir avec la guerre aux Juifs. J'ai, quant à moi, souvent demandé à M. Drumont de s'expliquer sur certains points obscurs de sa doctrine. Je n'en ai jamais su tirer que des renseignements sur sa famille et sur ses débuts dans le journalisme, et encore ne m'a-t-il pas tout dit et il m'a laissé apprendre indirectement bien des choses.

Cependant aujourd'hui il a glissé dans son réquisitoire quelques phrases qui m'ont tout l'air d'un programme précis. Il faut donc les reproduire.

« Les antisémites, dit-il, se sont proposé de délivrer les travailleurs écrasés par tous les monopoles juifs, exploités de toutes les façons par des entrepreneurs de ventes à crédit, dépouillés des quelques économies qu'ils ont pu parfois réaliser à grand'peine, par des flibustiers sans vergogne ». Est-ce tout ? Et bien, vraiment, voilà qui n'est pas brillant, surtout pour un sociologue. Comment, Drumont, vous avez fait tant de livres, écrit tant d'articles — dont quelques-uns étaient bons — uniquement pour faire supprimer les établissements de vente à crédit juifs, les monopoleurs juifs et les exploiteurs juifs ? Et les monopoleurs, les exploiteurs, les entrepreneurs chrétiens qu'en ferez-vous ? Vous les supprimerez aussi ? Alors pourquoi êtes-vous seulement antisémite ? Vous les garderez ? Alors votre sociologie devient inférieure. Vous allez protester par quelques périodes ronflantes. Je vous connais, vous êtes capable, pour la circonstance, de sortir quelque citation de Voltaire ou de Proudhon. Il y a aussi quelques phrases de Fourier que je vous signale et quelques autres de Marx que je pourrais vous donner; ça nous changera un peu de « l'enfer excrémentiel » de Swedenborg qui ne peut pas toujours servir et des aphorismes du baron de Billing qui manquent un peu de notoriété.

Cependant je vous avertis que cela ne saura pas m'émouvoir. Ecoutez-moi, Drumont, vous ne connaissez pas les Juifs, ou du moins vous ne les connaissez pas tous. Il y en a un grand nombre qui ont gardé des persécutions anciennes une déplorable habitude : celle de recevoir des coups et de ne pas protester, de plier l'échine, d'attendre que l'orage passe et de faire les morts pour ne pas attirer la foudre. J'en sais qui ont des conceptions différentes. Je suis de ceux-là et je ne suis pas le seul. J'en sais bien d'autres, et dans ce journal même, qui sont partisans de moins de mansuétude. Ceux-là en ont assez de l'antisémitisme, ils sont fatigués des injures, des calomnies et des mensonges, des dissertations sur Cornéliuz Herz et des prosopopées sur le baron de Reinach. Et demain ils seront légion, et s'ils m'en croyaient, ils se ligueraient ouvertement, bravement contre vous, Drumont, contre les vôtres, contre vos doctrines; non contents de se défendre, ils vous attaqueraient, et vous n'êtes pas invulnérables, ni vous, ni vos amis.

Vous allez rire et me répondre que nous ne sommes pas près de voir se fonder une association de Juifs contre l'antisémitisme. C'est possible, mais en attendant vous ne douterez pas si je vous dis que, à deux ou trois seulement, il serait possible de vous empêcher de vous dérober.

Il y a des Juifs, mon bon Drumont, qui gagnent quarante sous par jour et les Rothschild ne les invitent pas au mariage de leurs filles, ils préfèrent y convier les papas des bons jeunes gens des cercles catholiques et de l'Union nationale que vous haranguez du haut de votre balcon.

Je vous le demande, croyez-vous que les travailleurs de France, dont le sort vous préoccupe tant, seront plus heureux quand ils seront sous la coupe des industriels qui font patronner leur établissement par Notre-Dame de l'Usine? Donnez-moi donc une fois votre avis sur le capital chrétien et dites-moi si sincèrement vous ignorez que l'antisémitisme sert uniquement les intérêts des capitalistes catholiques, des petits bourgeois catholiques et que le dernier de ses soucis est précisément le sort du prolétariat?

Quand vous aurez répondu à cette question, je pourrai vous en poser d'autres et nous ne sommes pas encore au bout.

En réponse aux questions que je posais, M. Drumont publia dans la *Libre Parole* du 22 mai, un article auquel il voulut bien donner pour titre : *Un Emule de Zola*. Cet article commençait ainsi :

« Pour une fois que j'ai eu la faiblesse de dire quelque chose d'aimable à un Juif, je n'ai vraiment pas eu de chance. J'avoue que j'avais trouvé dans *l'antisémitisme, son histoire et ses causes* de Bernard Lazare, quelques pages empreintes d'une certaine impartialité (1). Je l'ai dit, et M. Bernard Lazare en profite aujourd'hui pour m'être désagréable à propos de l'article de Zola. Que voulez-vous? La race est comme cela... »

Dans le *Voltaire* du 24 mai, je répondis à M. Drumont.

(1) Voici ce qu'écrivait à propos de ce livre M. Edouard Drumont dans la *Libre Parole* du 10 janvier 1895 : « C'est un livre remarquable, ai-je dit, que cet essai d'histoire de l'*Antisémitisme*; c'est un livre fort nourri de faits et dominé *d'un bout à l'autre* par un bel effort d'impartialité, par la consigne donnée au cerveau de ne pas céder aux impulsions de la race. »

II

RÉPONSE A M. DRUMONT

Je demandais, il y a quelques jours, à M. Drumont, de me répondre. Il faut à mon tour que je réponde à M. Drumont. Je lui ai posé quelques questions précises, il les a éludées en cherchant à me mettre en contradiction avec moi-même. Je les lui poserai une fois encore, le laissant libre de croire qu'en lui demandant une explication nette, je désire simplement avoir « un peu de la notoriété qui s'attache à tout ce qui vient » de lui. Je n'avais pas encore vu M. Drumont dans ce rôle de dispensateur de gloire, et il me sera permis de dire que je n'avais pas fait fonds sur lui pour recueillir un peu de cette renommée qu'il aime.

Avant tout je dois reconnaître que M. Drumont a souvent écrit que je n'étais pas un sot et qu'il m'a attribué du talent. C'était, dit-il, pour être aimable envers moi et il regrette maintenant d'avoir eu *cette faiblesse.* Je croyais qu'il n'avait fait qu'exprimer une conviction sincère sur mon compte. Je me serai donc trompé, et à l'avenir peut-être M. Drumont me jugera-t-il plus mal qu'il ne l'a fait jusqu'à présent. Je le regretterai pour lui. Il paraît qu'aujourd'hui je profite de son amabilité pour lui être « *désagréable* » à propos de son article sur Zola et il ajoute : « Que voulez-vous ? La race est comme cela… » J'avoue que je ne comprends pas. Qu'est-ce que M. Drumont attendait de moi, et quel service m'a-t-il rendu qui dût contraindre ma reconnaissance à m'abstenir de toute critique à son égard ?

D'abord quelle raison aurais-je d'être agréable à

M. Drumont? Je suis Juif et, en tant que Juif, il désire me renfermer dans un ghetto, me priver de mes droits d'homme et refaire de moi un paria. Pense-t-il donc me consoler ou m'adoucir en me disant : « Mon ami, vous ne manquez pas de talent » ? Cela serait vraiment insuffisant.

Mais si je n'ai aucun motif pour être agréable à M. Drumont, je n'en ai pas non plus pour lui être désagréable. Il me fera peut-être l'honneur de croire que ce sont des mobiles plus hauts et plus graves qui me poussent.

Je n'ai jamais varié d'opinion sur M. Drumont. Dans mon livre sur l'*Antisémitisme, son histoire et ses causes* (1) — dans lequel il avait trouvé quelques pages qui lui semblaient « empreintes d'une certaine impartialité » — j'ai écrit (page 241) : « M. Drumont est le type de l'antisémite assimilateur qui a fleuri ces dernières années en France et qui a pullulé en Allemagne. Polémiste de talent, vigoureux journaliste et satiriste plein de verve, M. Drumont est un historien mal documenté, un sociologue et surtout un philosophe médiocre. » J'ajoutais en parlant de quelques historiens, économistes et philosophes qui professaient l'antisémitisme : « Il ne peut, sous aucun rapport être comparé à des hommes de la valeur de H. de Treitschke, d'Adolphe Wagner et d'Eugène Duhring. » A cette époque, M. Drumont me répondit qu'il ne connaissait aucun de ceux dont je parlais. — cela ne me surprit pas et il y a bien d'autres choses encore qu'il ignore. — Il voulut bien, néanmoins, me dire que malgré cela, il les aimait, parce qu'ils détestaient les Juifs, mais qu'il leur était certainement supérieur puisqu'il était Français.

Avec un raisonnement semblable, on en arrive facilement à considérer Meilhac comme supérieur à Shakespeare, et Jean Aicard à Gœthe.

---

(1) *L'antisémitisme, son histoire et ses causes.* Léon Chailley, éditeur, 42, rue de Richelieu.

Ce que je disais dans mon livre, je l'ai redit dans une brochure qui s'appelait *Antisémitisme et Révolution* (1), j'écrivais là : M. Drumont est « *perturbé par l'hystérie religieuse et, d'autre part, s'il fait illusion avec de gros fatras, il est sur bien des points ignorant comme une carpe, et sa façon d'écrire l'histoire vaut bien celle du père Loriquet* (2). » Ces diverses appréciations n'avaient pas altéré la bienveillance de M. Drumont à mon égard, et j'ignore vraiment pourquoi mon dernier article me l'a fait perdre. Qu'importe, je m'en consolerai, mais je ne pourrai, malgré tout, que maintenir les jugements que j'ai portés sur lui. Pas plus aujourd'hui qu'hier je ne croirai à sa science, à sa sociologie et à sa gloire immortelle. Veut-il me dire qui étaient Lampon et Isidore, qui étaient Eisenmenger et Wagenseil ? Les deux premiers agitèrent Alexandrie et firent se ruer la populace grecque contre les Juifs. Les deux seconds ont écrit contre les Juifs des livres plus gros que la *France Juive* et plus savants. Leur nom n'est même pas connu des antisémites ; c'est peut-être encore moi qui les leur apprendrai. L'oubli dans lequel ils sont tombés pourrait servir à Drumont de sujet de méditation. Je le lui affirme : il y aura encore des Juifs dans le monde que son nom aussi sera oublié, à moins qu'un Joséphe ne le conserve comme fut conservé le nom d'Appion.

Mais c'est assez sur ce sujet et je veux reprendre les pseudo-réponses de M. Drumont : « *Une autre facétie, écrit-il, à laquelle se livre volontiers M. Lazare, c'est de soutenir que je veux faire massacrer le petit Juif qui gagne quarante sous par jour. Or, en admettant que le petit Juif qui gagne quarante sous par jour ne soit pas un mythe, je*

---

(1) *Lettres prolétariennes. Antisémitisme et Révolution* (Paris, mars 1895).

(2) *Antisémitisme et Révolution* (p. 14).

*n'ai jamais nourri contre lui les noirs desseins que
me prête M. Lazare, et M. Lazare serait bien en
peine de me montrer la page où j'ai poussé à l'égorgement de ce petit Juif. »*

Je passerai sur le doute qu'émet M. Edouard Drumont touchant la situation économique de certains
Juifs (1).

De deux choses l'une : ou il est mal renseigné et il
n'en a pas le droit, puisqu'il s'occupe des Juifs, ou
l'aveu de la misère des sept huitièmes des Juifs
du monde gênerait ses polémiques et sa doctrine et il
affecte d'ignorer cette misère. Venons au reste. Je n'ai
pas écrit que M. Drumont excitait directement à
l'égorgement des petits Juifs, mais j'aurais pu l'écrire
et j'aurais eu raison, même en ne citant pas de lui
une page où il ait poussé d'une façon formelle à cet
égorgement. Lorsque son journal injurie tous ceux
dont le nom est sémite, lorsque ses amis, qu'il ap-
prouve et félicite en les haranguant, crient « Mort
aux Juifs ! », ils ne me paraissent pas s'adresser uniquement aux financiers cosmopolites. Est-ce contre
les financiers cosmopolites qu'ils manifestaient,
dimanche dernier, devant la porte de quelques com-
merçants juifs ? Est-ce contre ces financiers que se
forment, soutenues par le clergé, ces ligues de Lyon,
de Valenciennes et de Lille dont le mot d'ordre est :
« N'achetez rien aux Juifs ! » Quand on prend comme
devise : « Guerre aux Juifs », il devient de mauvaise
foi de soutenir qu'on ne s'attaque qu'à une certaine
catégorie d'entre eux, et qui est dans la vérité,
vous, Drumont, qui affirmez ne pas vouloir de mal à
ceux d'entre les Israélites qui n'appartiennent pas à
la finance, ou moi qui soutiens qu'avec votre système
on laisserait en paix les capitalistes chrétiens en se
ruant sur tous les Juifs indistinctement, puisque le

____

(1) Si M. Drumont connaissait les questions dont il veut parler il
saurait que, s'il y a huit millions de juifs dans le monde, les 7|8 sont
ou des prolétaires, ou des pauvres.

signe qui distingue, de votre propre aveu, vos ennemis, est non pas une fortune disproportionnée, mais
un nez crochu?

*« Je ne me suis pas placé sur le terrain confession-
nel, poursuivez-vous, et M. Bernard Lazare sait
mieux que personne que l'antisémitisme n'est pas
une question religieuse, puisque les Arabes, qui adorent Mahomet, ont plus de haine encore pour les
Juifs que les Chrétiens qui adorent Jésus. »* Si
M. Drumont connaissait les Arabes, il ne dirait
pas, d'abord, qu'ils adorent Mahomet, il ne sou-
tiendrait pas ensuite que les raisons de leur haine
contre les Juifs, de même que les mobiles de leur
haine contre les chrétiens ne sont pas religieux. Je
me permets de renvoyer M. Drumont à mon livre
qu'il a sans doute mal lu. S'il l'avait bien lu, en effet,
il ne ferait pas de moi un de ses auxiliaires, même
temporaire.

C'est ici, d'ailleurs, le point important, pour M. Drumont, de son article. D'un ouvrage de 400 pages, il
extrait *trente-six lignes* et, en les isolant, il dénature
toute ma pensée. J'ai écrit qu'il y avait à l'antisémitisme universel des raisons profondes et sérieuses. Je
le dis encore et pas plus aujourd'hui qu'hier je ne
soutiens que Drumont l'a inventé. Drumont n'a rien
inventé. J'ai écrit qu'il ne fallait pas croire que
les manifestations antisémites furent, dans le passé,
simplement dues à une guerre de religion. Je le
maintiens encore. J'ai écrit que la raison de l'antisémitisme dans l'histoire fut que « partout et
jusqu'à nos jours le Juif fut un être insociable ». Je
le dis toujours. Mais à la suite de cette constatation
qui se trouve dans le premier chapitre de mon livre,
je déclarais que mon but était d'examiner « si ces
causes générales persistent encore et si ce n'est pas
ailleurs qu'il nous faudra chercher les raisons de
l'antisémitisme moderne. ». Ces raisons je les ai étu-
diées minutieusement. J'ai constaté que le Juif n'était
insociable que dans les pays comme la Roumanie, la
Russie, la Perse, etc., où on le met hors la loi et où

on l'oblige à se renfermer dans un ghetto qui lui crée un exclusivisme intellectuel et moral. J'ai établi que le reproche que fait l'antisémitisme moderne aux Juifs modernes, ce n'est pas d'être insociables, mais d'être trop sociables; ce n'est pas de se livrer uniquement à l'usure ou à la finance, mais au contraire de porter leur activité sur d'autres points et de se mêler à toutes les manifestations de la vie contemporaine. Enfin, en terminant ce livre j'ai écrit (pages 389 et 390) : « Les causes de l'antisémitisme sont nationales, religieuses, politiques et économiques, ce sont des causes profondes qui dépendent non seulement des Juifs, non seulement de ceux qui les entourent mais encore et surtout de l'état social ».

Je récrirais aujourd'hui ce livre que j'aurais sans doute bien des choses à y changer, bien des choses à y ajouter, mais si je me fais un reproche, c'est justement de n'avoir pas précisé les causes religieuses de l'antisémitisme, c'est de n'avoir pas suffisamment montré combien elles servent les intérêts économiques de certains capitalistes.

Aujourd'hui comme hier j'affirme que la lutte contre le Juif est un épisode de la « lutte intestine entre détenteurs du capital » une forme de la concurrence ; en voyant ce combat commercial contre le Juif, se compliquer d'un combat contre le Franc-Maçon et le Protestant, je ne changerai pas d'avis.

Aujourd'hui comme hier, je prétends que l'antisémitisme sert uniquement le capital chrétien ou plutôt catholique. J'ai dit que je défiais Drumont de me prouver le contraire, je l'en défie une fois encore. J'ai déclaré que je ne le laisserais pas se dérober, je le déclare encore. Le débat sur la question juive ne doit pas être un débat sur ma personnalité. M. Drumont voudrait-il en faire un débat sur la sienne ? Je suis persuadé qu'il n'y tient pas.

Je maintiens donc toutes mes affirmations. Je pose de nouveau toutes mes questions, car ce sont celles auxquelles M. Drumont s'obstine à ne pas répondre et je répète :

« Croyez-vous que les travailleurs de France, dont le sort vous préoccupe tant, seront plus heureux quand ils seront sous la coupe des industriels qui font patronner leurs établissements par Notre-Dame-de-l'Usine? Donnez-moi donc une fois votre avis sur le capital chrétien et dites-moi si sincèrement vous ignorez que l'antisémitisme sert uniquement les intérêts des capitalistes catholiques, des petits bourgeois catholiques et que le dernier de ses soucis est précisément le sort du prolétariat?»

Je ne sortirai pas de là et je saurai prouver une fois encore ce que j'ai si souvent avancé, même dans ce livre sur lequel M. Drumont veut faire porter sa polémique : L'antisémitisme est une forme du protectionnisme et il ne sert que les intérêts d'une fraction de la bourgeoisie.

M. Edouard Drumont ne crut pas devoir me répondre. N'avait-il pas d'ailleurs écrit dans l'article auquel je répliquais : « On peut répondre une fois pour causer satisfaction à un confrère, fût-il sémite, on ne peut le faire continuellement. »

Malgré cela j'écrivis dans le *Voltaire* du 31 mai, les lignes qui suivent :

III

CE QUE VEUT L'ANTISÉMITISME

Décidément, M. Drumont est un sociologue qui n'aime pas à discuter sociologie. C'est un homme prudent, il connaît sa faiblesse, et quand on lui pose des questions qui l'embarrassent, il préfère garder le silence. Vous lui demandez si l'association antisémite et cléricale des négociants et industriels, dont la devise est : « N'achetez rien aux Francs-Maçons et aux Juifs », a pour but de sauver la France ou de faire de meilleures affaires. Il vous répond qu'on a ouvert un plébiscite pour savoir s'il appartenait à la race de Sem, et il affirme qu'il a été baptisé, comme Halévy et Erlanger. En quoi veut-il que cela m'intéresse?

Toutefois, puisque mes questions lui déplaisent, je veux bien lui en poser d'autres. Je lui ai dit que nous aurions, s'il le voulait, d'inépuisables sujets de conversation, que je lui adresserai d'innombrables demandes. Sans doute, dans le nombre, quelques-unes l'intéresseront-elles? J'abandonne donc pour le moment — car j'y reviendrai, non plus pour interroger, mais pour démontrer — la question du capitalisme catholique. Peut-être M. Drumont est-il mal documenté là-dessus et ses tiroirs sont-ils vides, — ce que d'ailleurs j'observe depuis quelque temps. — Je pourrai un jour lui indiquer des sources sérieuses de renseignements, et il pourra faire un livre très curieux.

Parlons donc de *la mission* de l'antisémitisme, car l'antisémitisme, qui l'ignore? a une mission. Ses apôtres sont spécialement mandatés par la divinité qui a résolument abandonné son ancien Benjamin.

Drumont, l'autre jour, et sans avoir l'air de rien, a indiqué cette mission en quelques lignes contenues dans un article sur le couronnement du tsar, et qui ont failli m'échapper, ce que j'eusse regretté. Reproduisons-les :

« La mission de l'antisémitisme, au fond, c'est de refaire un cerveau neuf, une mentalité nouvelle aux Français, de les faire rentrer dans la réalité, de leur enseigner ce qu'ils valent, de leur apprendre à surmonter ces humilités ridicules contrastant avec des déclamations emphatiques et grotesques, ces superstitions, ces adorations d'hommes et de choses qui nous sont tout à fait inférieurs. »

Qu'est-ce que M. Drumont entend par un *cerveau neuf et une mentalité nouvelle?* Sur ce sujet, on peut trouver une réponse dans ses livres et dans ses articles, et je suis tout disposé à reconnaître en ce point leur utilité. La seule chose un peu nette et claire, en effet, dans les gros bouquins, indigestes et confus, du propagateur de l'antisémitiste, — qui est décidément meilleur journaliste que moraliste, philosophe, historien ou sociologue, — c'est un amour puéril et touchant pour l'ancienne France. L'histoire, pour M. Drumont et pour le père Loriquet, a suivi son cours normal jusqu'en 1789. A cette date, le ciel a permis que le vieil édifice de la monarchie s'écroulât, et en même temps il a frappé la France de démence.

Pendant quelques années, Satan a régné sur la terre des lys. M. Drumont est exactement renseigné là-dessus. Il a consciencieusement démarqué l'abbé Barruel, Dom Deschamps et Crétineau-Joly. Il ne les cite pas toujours, mais le souffle de ces maîtres court dans son œuvre. Là encore je me garderai de dire que M. Drumont a inventé cette théorie, il l'a adoptée. Pour lui comme pour ceux dont je viens de parler, la France, perturbée par une influence diabolique, a perdu il y a plus de cent ans son équilibre; elle cherche vainement à le reconquérir depuis, de là des secousses, des révolutions. Quand aura-t elle retrouvé son harmonie? Quand elle sera redevenue ce qu'elle était, c'est-à-dire un état chrétien, quand les Français auront retrouvé leur cerveau et leur mentalité d'antan. Et voilà ce que le bon chevalier croisé contre les fils d'Israël appelle refaire un cerveau et une mentalité nouvelle.

Les antisémites vont peut-être me dire que c'est par un paradoxe facile que je leur attribue l'état d'esprit des contemporains de saint Louis. Ils connaissent, disent-ils, les exigences de la pensée moderne, et savent en tenir compte ; ils font la part des progrès faits par la science, à tel point qu'ils s'efforcent de mettre la théologie d'accord avec elle. Leur but avoué et caché n'en est pas moins l'unification de la France. Et comment conçoivent-ils cette unification? Ils la conçoivent religieusement. La France, affirment-ils, sera heureuse quand elle sera redevenue une, c'est-à-dire chrétienne, c'est-à-dire catholique. Une preuve? C'est que l'antisémististe en même temps que le Juif, combat le Franc-Maçon et le Protestant. Cependant le Protestant et le Franc-Maçon sont bien des Français de France. Ce n'est donc plus uniquement la lutte contre « le Juif étranger » que préconisent M. Drumont et ses amis. Diront-ils encore qu'ils ne font pas de leur antisémitisme, qui est aussi un antifranc-maçonisme et un antiprotestantisme, une question religieuse?

Mais ce n'est pas encore là ce que je veux demander aux antisémiles. Comment feront-ils pour faire rentrer les Français dans la réalité? Est-ce simplement en constatant, comme l'a fait M. Drumont, que la ruée de la foule dans le logis de Mlle Couédon indique un retour du peuple de France au bon sens? Ce ne peut être suffisant. De quelle façon s'opérera cette homogénéité nouvelle? La doctrine semble confuse. Parfois M. Drumont sort une prophétie de Nostradamus qui était, paraît-il, de la tribu d'Issachar, ce qui donne une grande valeur à ses vaticinations. D'après Nostradamus qui, étant Juif, n'avait aucun intérêt à affirmer une chose semblable, tout sera arrangé par un justicier qui sera « le grand Celtique ». J'ai cru remarquer que M. Drumont se considérait quelquefois comme ce « grand Celtique ». Je ne le chicanerai pas là-dessus et je veux bien le croire. Cependant, cette solution ne semble pas toujours satisfaisante à l'érudit auteur de la *France Juive*. Il cite alors les propres paroles de Notre-Dame de la Salette ; il apprend à ceux qui l'ignorent que l'Antechrist naîtra bientôt d'un évêque et d'une juive, et qu'après quelques horrifiques combats l'ordre renaîtra en Gaule. L'évêque est, paraît-il, tout désigné : ce serait Mgr Fuzet, de Beauvais, si je ne me trompe.

Le rôle de l'antisémitisme doit être sans doute de préparer la venue de tous ces combattants. Je voudrais savoir comment il procédera. Je manque de données précises là-dessus. Voyons, monsieur Drumont, qu'allez-vous faire des Juifs? Exposez-moi votre programme. J'imagine que vous n'en avez pas, ni vous ni vos disciples. Prouvez-le, direz-vous? Voilà qui est facile. Il y a près d'un an, vous avez ouvert à la *Libre Parole* un concours sur les moyens de ruiner « la suprématie Juive » ; j'ai même demandé à faire partie du jury de ce concours et j'attends que l'on me convoque. Mais le concours est renvoyé chaque mois ; n'est-ce pas une preuve de la confusion d'idées des antisémites? Il serait temps, cependant, dans l'intérêt même du parti, de dire une bonne fois ce que vous voulez. Je vais encore attendre votre réponse, monsieur Drumont, et si vous ne répondez pas, nous pourrons causer d'autre chose.

Il me faut ici revenir en arrière et donner quelques explications sur le concours auquel je faisais allusion. Le 22 octobre 1895 la *Libre Parole* mettait au concours le sujet suivant : « Des moyens pratiques d'arriver à l'anéantissement de la puissance juive en France, le danger juif étant considéré au point de vue de la race et non au point de vue religieux. »

En annonçant ce concours, M. Drumont disait : « Si un Juif n'appartenant pas au monde de la finance et ayant, par conséquent, quelque autorité dans la question, désirait faire partie du jury, nous serions disposés à lui accorder une place. »

J'écrivis aussitôt au directeur de la *Libre Parole* la lettre ci-dessous, qui parut dans le numéro du 24 octobre précédée des quelques lignes que je reproduis :

« Nous recevons de M. Bernard Lazare la lettre suivante que nous insérons bien volontiers, ainsi qu'il nous en fait la demande, mais en faisant des réserves formelles, toutefois, sur la solution qu'il préconise et qui nous paraît *un peu radicale :*

Paris, 23 octobre 1895.

« Monsieur le Directeur,

« Jusqu'à présent, j'avais toujours reproché à l'antisémitisme de ne donner aucune solution à la question qu'il avait soulevée. A plusieurs reprises même, j'ai demandé, soit à vous, soit aux vôtres, quelles mesures vous préconisiez pour échapper à ce que vous nommez la domination juive, à ce que j'appelle la tyrannie du capital qui n'est pas spécialement juif, mais universel. Je n'ai jamais obtenu de réponse.

« Le concours que vous ouvrez satisfera, je l'espère, ma curiosité, et me fixera sans doute sur la doctrine antisémite. Voulez-vous me permettre de faire partie

3

du jury? Vous pouvez être assuré de mon absolue impartialité, quoique d'avance, je trouve que la seule mesure logique serait le massacre, une nouvelle Saint-Barthélemy.

« Si vous acceptez mon offre, je vous serai obligé de vouloir bien insérer cette lettre, qui l'explique.

« Veuillez agréer, monsieur le Directeur, l'assurance de ma haute considération.

« Bernard LAZARE. »

Je faisais donc parti du jury de la *Libre Parole*. A la suite de mon article du 31 mai, je reçus une lettre de M. Drumont, m'expliquant les causes du retard qu'avait subi le concours; je m'empressais de lui répondre et rappelais cette réponse dans l'article que je consacrais encore à l'antisémitisme dans le *Voltaire* du 7 juin.

IV

LA QUATRIÈME A M. DRUMONT

Il faut savoir reconnaître ses erreurs. J'avais dit dans mon dernier article que sans doute le concours organisé par la *Libre Parole* sur les moyens « d'anéantir la puissance juive » était indéfiniment remis. Je m'étais trompé. Le concours aura lieu. M. Edouard Drumont a bien voulu me le faire savoir, et il m'a écrit que je faisais toujours partie du jury. Je l'en ai remercié, lui déclarant que j'étais fort heureux de cela, et que j'espérais trouver dans les travaux qui me seront soumis une réponse aux questions que je pose.

Je vois, en effet, que je ne dois pas compter pour cela sur M. Drumont lui-même, Je ne lui en veux pas. Peut-être a-t-il des préoccupations plus pressantes que celle de discuter sur la doctrine ou le but même de l'antisémitisme. J'aime mieux penser cela que de le croire gêné par mes demandes. Un homme qui a consacré sa vie à une *cause* ne doit évidemment pas être embarrassé par les interrogations d'un Juif assez indiscret pour demander ce que l'on veut faire de lui. S'il ne répond pas, c'est qu'il a ses raisons. Je ferai bien de ne pas m'obstiner. Quelques personnes me l'ont conseillé. Les unes m'ont dit : Comment, vous qui êtes un révolutionnaire, un socialiste, pouvez-vous vous occuper de ce problème si restreint de l'antisémitisme, qui sera résolu le jour où on résoudra tous les autres ? J'examinerai cette objection quelque jour — chaque chose doit avoir son temps, — je me justifierai aux yeux de ces sincères doctrinaires et leur prouverai que les Juifs ne peuvent pas cependant se laisser manger en souhaitant uniquement l'âge d'or où tous les hommes seront frères. D'autres ont ajouté : Vous qui êtes un athée, qu'allez-vous faire dans cette galère, cela ne vous est-il pas indifférent de voir attaquer les Juifs? A cela j'ai répliqué qu'il m'était absolument indifférent d'entendre attaquer la religion juive, mais que les bons antisémites, le jour où ils m'enlèveront mes droits de citoyen et d'homme ne me demanderont pas si je pratique ou non les rites du judaïsme. Alors, que voulez-vous que je fasse? Je ne puis pas me convertir, puisque je trouve toute confession absurde quand elle n'est pas abjecte, et d'ailleurs les amis de Drumont me diraient que cette palinodie basse ne peut servir à rien et ils me considéreraient comme faisant toujours partie de la tribu d'Israël. Je dois donc défendre mes prérogatives d'individu. Je suis Juif, étant né tel. Il ne me plaît ni de changer de nom, ni de m'affilier à une église, ou à un temple, ou à une mosquée. J'ai le droit de rester tel et je soutiendrai ce droit. Qui peut me donner tort?

Mais tout cela m'éloigne de M. Drumont. J'y reviens. Je constate qu'il n'a jamais répondu aux questions que j'ai posées. Il pourra protester et dire : J'ai écrit là-dessus dix livres et mille articles ; je répliquerai qu'il n'a pas répondu en mille articles et dix livres et nous ne serons pas plus avancés qu'avant.

La vérité est sans doute que tout ce que j'ai écrit ne l'intéresse pas. Assurément, s'il prenait un intérêt à ce dont je parle, il aurait voulu retorquer mes erreurs et m'éclairer en même temps qu'éclairer ses disciples. J'ai lu attentivement la *Libre Parole* depuis une quinzaine pour savoir ce qui pouvait intéresser M. Drumont. De quoi veut-il donc que je lui parle?

De Karl Marx? Il ne l'a jamais lu. Des mauvais amis de Champrosay, de M. Jacques Lebaudy et de Max même ou du malheureux M. de Cesti que ses familiers ont abandonné? Tout cela me laisse très froid et je cède volontiers à d'autres le soin d'en disserter. Aimerait-il mieux que je contasse des anecdotes? Sur ma famille ou sur mes débuts dans les lettres? Comme a dit Drumont, je ne suis pas encore assez célèbre. Je le deviendrai peut-être ; mais, en attendant, je ne puis passer mon temps à parler des débuts de mes confrères. Cela n'a aucun attrait pour moi. Je ne sais pas dire les historiettes, et ce n'est pas la renommée d'un Tallemant que j'ambitionne. A chacun son œuvre. Les chroniqueurs de menus faits ne manqueront pas, je ne suis pas du nombre.

Ainsi, il faut que je cesse d'interpeller M. Drumont ; que d'autres continuent s'ils le veulent. Pour moi, la question antisémite ne peut se réduire à un dialogue avec le directeur du journal officiel de ce parti, encore moins à un monologue que je débiterais devant lui. M. Drumont n'est pas la cause de l'antisémitisme ; il n'en est pas même un facteur réel ; il en est un écho et peut-être un instrument. Quel peut être désormais mon but? Il doit être de montrer les origines multiples de ce mouvement, d'en faire voir les moteurs cachés, d'exposer les intérêts qu'il sert, de faire comparaître les individualités ou les groupes dont il émane. Derrière le décor antisémite, derrière les théories pseudo-scientifiques de l'aryanisme et du sémitisme, il importe de trouver les causes réelles. Il faut exposer les vrais mobiles de la nouvelle croisade, celle qui était dirigée hier contre les Juifs seuls, qui est dirigée en même temps aujourd'hui contre les libres-penseurs, les francs-maçons et les protestants. Je ne m'adresserai plus, par conséquent, aux antisémites ; j'ai reconnu la vanité de cette tentative et la difficulté de causer avec des gens qui sont décidés à rester muets et à se dérober quand on les met au pied du mur. Je parlerai à ceux qui ont des oreilles pour entendre et, qui sait, je pourrai délier bien des langues.

Le lendemain même de la publication de cet article je recevais de M. Edouard Drumont une lettre m'informant que la réunion du jury aurait lieu le mercredi 10 juin. J'ai assisté à cette réunion et j'ai siégé lors de la première séance de ce jury, dont M. Drumont ne fait pas partie. Je n'ai pas cru que le fait d'avoir franchi la porte de la *Libre Parole* devait enchaîner ma liberté et me mettre dans l'obligation de cesser une polémique courtoise, engagée depuis plus de trois semaines. Il importait d'ailleurs pour moi d'apprécier une controverse engagée entre M. Jaurès et M. Drumont sur l'antisémitisme ; je publiai donc dans le *Voltaire* du 14 juin, toujours sur la même question, un cinquième article que voici :

V

LES RÉPONSES DE M. DRUMONT

J'avais dit que je ne m'adresserais plus à M. Drumont. Non que les sujets de conversation entre nous fussent épuisés, car il sait journellement les faire naître, mais parce que je ne puis m'entêter à parler avec un muet. Puis, en sa qualité de psychologue, Drumont dirait encore que je ne le provoque à la discussion que pour voir mon nom imprimé dans la *Libre Parole*, ce qui me ferait, chacun le sait, une publicité considérable. J'aime mieux me taire, et quand j'aurai des explications à demander au chevalier de l'antisémitisme, j'irai les lui demander au journal. La très aimable façon dont il m'a reçu l'autre jour, quand je suis allé assister à la première réunion du jury du concours organisé par la *Libre Parole* m'y encourage. A propos de ce concours je demanderai à Drumont l'autorisation d'en parler librement et de donner sur lui et sur ses travaux mon appréciation, bien entendu quand on aura attribué la médaille. D'ailleurs, pour l'instant, je suis plongé dans la lecture des manuscrits qu'on m'a confiés, et je ne veux même pas dire, par discrétion, comment je les trouve. Mais, quittons ce sujet. Il faut que j'explique pourquoi je parle encore à Drumont, après avoir dit que je ne lui demanderais plus rien. C'est que s'il ne m'a pas encore répondu, il a répondu à d'autres. Jaurès lui ayant, dans la *Petite République*, posé quelques questions, il a donné la réplique.

Eh bien, je ne voudrais pas fâcher un adversaire, mais vraiment cette réplique est absolument inférieure. Drumont va prétendre une fois de plus que je dis cela uniquement pour lui être désagréable; il aura tort, et j'affirme que, seule, la vérité m'y pousse, comme disait le Barberousse des *Burgraves*. Mais il faut justifier mon assertion :

« Que dirait M. Drumont, qui accuse le socialisme d'être un truquage juif, si nous lui répondions que l'antisémitisme est un truquage capitaliste destiné à sauvegarder l'ensemble de la classe banquière, industrielle et propriétaire par une petite opération sagement limitée. Le capital se laisserait circoncire de son prépuce juif pour opérer avec plus de garanties. » Ainsi écrivait Jaurès. Je ne puis analyser complètement son article, mais le passage que je cite est le plus important. Il formulait une fois de plus la question que je n'ai cessé de poser aux antisémites, celle que je leur poserai toujours. Savez-vous ou ne savez-vous pas que votre œuvre consiste uniquement à défendre une catégorie de capitalistes : les capitalistes catholiques? Jamais je n'ai pu obtenir une réponse. Quand j'ai eu lu l'article de Jaurès, je me suis dit : sans doute Jaurès sera plus heureux. Il est député, il a une influence que je n'ai pas, une importance à laquelle je ne veux prétendre, Drumont se croira sans doute obligé de soigner un peu sa riposte. Je me suis trompé, et pour qu'on ne m'accuse pas de partialité, je vais exposer les arguments de l'apôtre antisémite.

Il se lave d'abord d'un reproche sanglant. Jaurès l'avait accusé de parler du socialisme de la même façon dont en parle Joseph Reinach, qui voit dans le mouvement français un reflet du mouvement allemand. Drumont ne peut accepter une semblable assimilation et il rectifie, il a dit simplement, chacun comprendra la différence, que d'ailleurs je n'ai pas saisie : « Le socialisme français se traîne à la remorque du marxisme ». Il corrige, il est vrai, ce jugement en disant à Jaurès que s'il a une action c'est qu'il est « à son insu, peut-être, le représentant de ce vieux socialisme français qui n'a rien de commun avec celui de Karl Marx ». Il le complète en insinuant que Jaurès n'a « probablement jamais compris » le système de Karl Marx « qui ne s'est peut-être jamais compris lui-même ».

Je voudrais — et ceci est tout à fait désintéressé de

ma part — que Drumont comprît combien il fait hausser les épaules à tous lorsqu'il écrit des fadaises semblables. Il ne peut prouver ainsi que son ignorance absolue de toutes choses. Il n'est pas obligé d'avoir lu les socialistes français, ni même Marx ; il n'est pas tenu par conséquent de savoir quels liens unissent leurs doctrines, il peut même ignorer que les marxistes ne sont qu'une fraction dans le parti révolutionnaire, mais alors qu'il ne parle pas de ce qu'il ne sait pas.

C'est vraiment un homme étrange. Il se refuse énergiquement à discuter sur ce qu'il devrait connaître, et il se perd en divagations sur des choses qu'il ignore. Continuons toutefois à lire son article. Il critique vivement, et non sans justesse, le rôle parlementaire des socialistes et leur attitude sous le dernier ministère. Il affirme qu'il n'y aura de changement que par une révolution sociale (et ce n'est pas moi qui le contredirai sur ce point). Mais que sera cette révolution ? Voilà ! pour le comprendre il faut, paraît-il, se rendre compte du mouvement antisémite. Il y a, dit Drumont, dans tous les coins de la France, des millions d'êtres qui se disent :

« Les antisémistes ont raison. Si nous souffrons de toutes les manières, si nous ne vendons pas notre blé ce qu'il nous coûte ; si cette terre, si riche, ne peut plus arriver à nourrir ses enfants, c'est parce qu'une poignée d'écumeurs d'outre-Rhin et de financiers véreux s'est ruée sur notre pays, c'est parce que ces gens-là veulent avoir des centaines de millions à eux seuls, habiter les plus beaux châteaux de la vieille France, posséder des hôtels princiers, des chasses magnifiques. »

Evidemment, mon bon Drumont, je suis de votre avis. Il y a en France des milliers de gogos, de sots ou de gens malins qui se disent tout cela. Il y en a aussi qui ajoutent avec vous :

« Le jour où cette idée aura pris possession de tous les cerveaux, le jour où elle s'incarnera dans un homme d'action, dans un soldat intelligent, on n'aura pas besoin d'aller demander à Karl Marx les moyens de mettre de l'ordre dans notre France. C'en sera fait, pour longtemps, de ce système qui, sans doute, n'est pas exclusivement pratiqué par les Juifs, nous l'avons reconnu cent fois, qui compte parmi ses plus dangereux affiliés beaucoup d'individus d'origine chrétienne, mais qui est manifestement inspiré par l'esprit juif, qui se résume dans ce mot que le peuple comprend très bien : « la Juiverie.»

Mais il ne s'agit pas de tout cela, ce n'est pas ce qu'on vous demande. On vous dit que, quand même vous supprimeriez les « exploiteurs » juifs ou les « écumeurs d'outre-Rhin », il resterait de bons chrétiens et d'excellents Français qui rempliraient leur office. On vous dit que vous n'apportez de solution ni à la question juive, ni à la question sociale. On vous dit que vous n'avez aucune doctrine, que vous êtes un sociologue à qui la sociologie surtout est étrangère, un historien qui ignorez surtout l'histoire. On vous dit que, consciemment, ou inconsciemment, vous faites le jeu d'une catégorie de capitalistes qui s'enrichiraient des dépouilles des Juifs et des « gros financiers judaïsants », comme la noblesse d'autrefois s'enrichissait des dépouilles des traitants que confisquait la monarchie, tandis que le bon peuple continuait à mourir de faim. Voilà ce qu'on vous dit et vous n'y répondrez jamais, et vous ne pouvez y répondre.

Je comprends d'ailleurs très bien cette impuissance de Drumont. C'est un esprit qui manque de culture scientifique ; c'est un passionné, un instinctif, mais ce n'est ni un logicien, ni un dialecticien, ni un philosophe. Il a besoin de voir les choses, d'avoir en sa présence des êtres de chair et d'os, de discuter sur des faits précis. Il faut qu'il travaille sur des documents, et quand ses tiroirs sont vides sa cervelle est vide aussi. Il est incapable de concevoir une idée, d'en saisir la portée, les conséquences et même le contenu. Ce Français de France manque essentiellement des qualités françaises : l'ordre, la clarté, la précision. Quand il commence un article, il ne sait jamais comment il le finira ; il ignore où il va, il bat la campagne et divague. Autant il est à l'aise pour parler d'un individu, en suivant des notes exactes, autant il est gêné pour exposer une pensée, une théorie abstraite. C'est un polémiste, ce n'est pas un penseur. Y en a-t-il un parmi les antisémites ? Je serais bien aise de le savoir et de pouvoir un peu discuter avec lui ?

CONCLUSION

A la suite de ces appréciations et de ces critiques, M. Edouard Drumont dans un article : *Le Concours de la « Libre Parole »*, paru dans son journal du mardi 16 juin, a cru devoir se départir de la courtoisie qu'il avait jusqu'alors observée à mon égard, et que j'avais toujours gardée vis-à-vis de lui.

Il m'a attribué l'intention de rendre publiques les conversations, les discours et les opinions des membres du jury. J'ai à peine besoin de me justifier de cette imputation, je n'ai jamais eu le goût des papotages, des commérages et l'anecdote n'est pas mon fort, je pense avoir montré au cours de cette polémique que je ne m'en servais pas. Je n'ai donc jamais divulgué, ni voulu divulguer, le secret des séances et des jugements ; j'ai simplement dit que j'apprécierais, quand le jury les aurait rendues publiques par son verdict, les idées exprimées par ceux qui concourraient. C'était, je crois, mon droit absolu, les concurrents n'ayant jamais eu, je pense, l'intention de tenir éternellement leurs travaux cachés.

Je n'ai pas voulu, sur le moment, m'expliquer ainsi, le langage qu'avait tenu M. Edouard Drumont me paraissant demander une autre explication. Je ne considère cependant pas une rencontre comme une sanction, ni surtout comme une solution à un débat. Un duel est un incident et n'est pas une réponse ; aujourd'hui, comme hier, j'ai le droit de clore cette polémique en affirmant une fois de plus que M. Drumont n'a pas répondu aux questions que je lui ai posées.

Que le lecteur juge.

TABLE DES MATIÈRES

38

Paris. — Imp. ALCAN-LÉVY, 24, rue Chauchat.